Impressum
Verlag: BABADADA GmbH, Nedderfeld 112 , 22529 Hamburg
Geschäftsführer / Verlagsleitung: Harald Hof
Druck: Books on Demand GmbH, In de Tarpen 42, 22848 Norderstedt

Imprint
Publisher: BABADADA GmbH, Nedderfeld 112 , 22529 Hamburg, Germany
Managing Director / Publishing direction: Harald Hof
Print: Books on Demand GmbH, In de Tarpen 42, 22848 Norderstedt

sekolo
escola

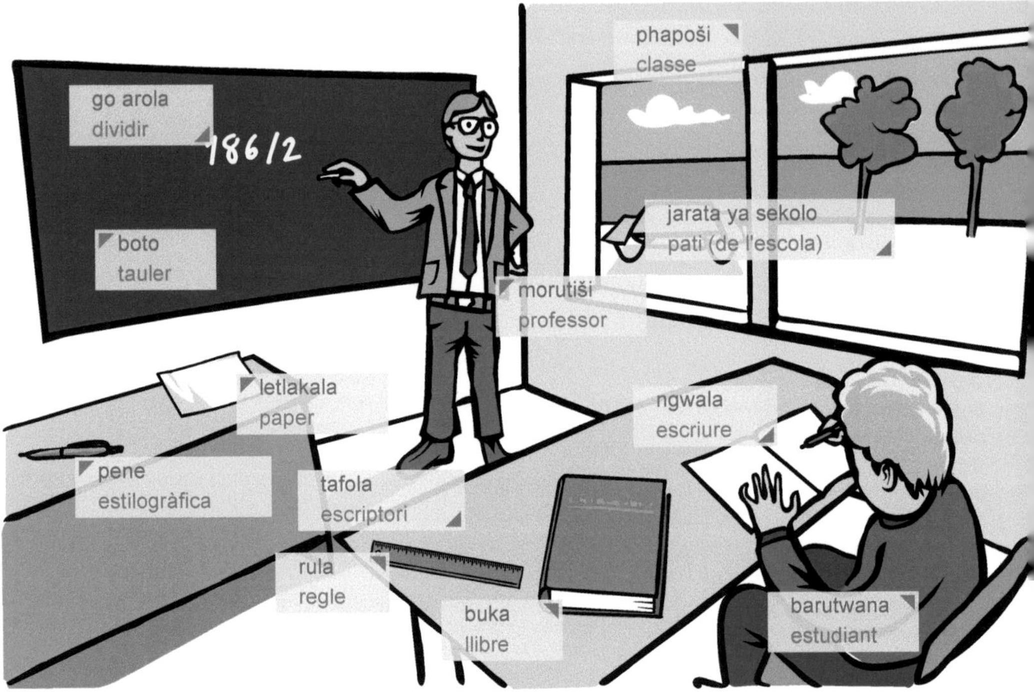

phapoši
classe
go arola
dividir
186/2
jarata ya sekolo
pati (de l'escola)
boto
tauler
morutiši
professor
letlakala
paper
ngwala
escriure
pene
estilogràfica
tafola
escriptori
rula
regle
buka
llibre
barutwana
estudiant

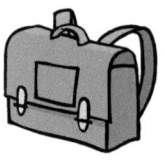

peke

bossa

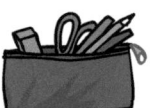

kheise ya phensele

estoig

phensele

llapis

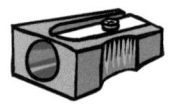

motšhene wa go betla phensele

maquineta de fer punta

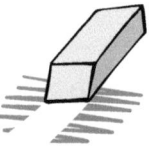

rabhara

goma

phede ya ho thala

bloc de dibuix

go thala

dibuix

borashe ya go penta

pinzell

lepokisi la go penta

capsa de pintures

sekero

tisores

sekgomaretši

cola

puku ya go ngwala

quadern d'exercicis

mošomo wa gae

deures

nomoro

nombre

tlatša

afegir

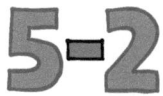

go ntšha

sostreure

go atiša

multiplicar

khalekhuleitha

calcular

lengwalo

lletra

alefapete

alfabet

lentšu

mot

mongolo

text

bala

llegir

tšhoko

guix

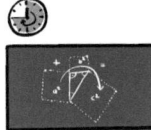

thuto

lliçó

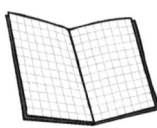

puku ya maina

llibre de classe

thuto

examen

setifikeite

certificat

diaparo tša sekolo

uniforme escolar

thuto

formació

encyclopedia

enciclopèdia

yunibesithi

universitat

maekrosekoupo

microscopi

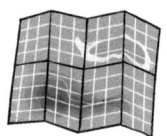

mmapa

mapa

pasekete ya matlakala a
ditšhila

paperera

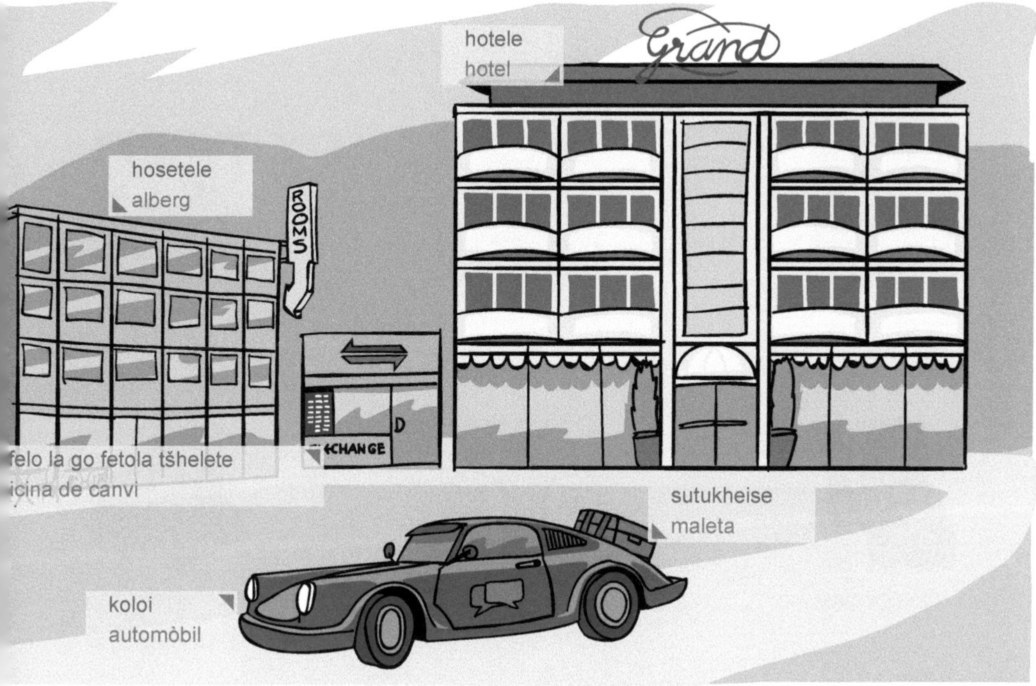

hotele
hotel
Grand
hosetele
alberg
ROOMS
felo la go fetola tšhelete
icina de canvi
sutukheise
maleta
koloi
automòbil

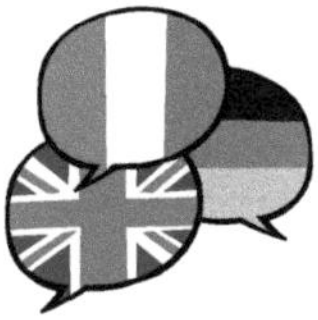

Leleme

llengua

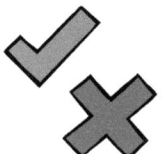

ee / aowa

sí / no

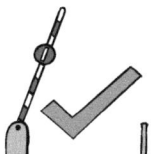

Go lokile

D'acord

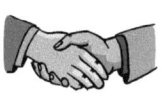

Dumela

Ey!

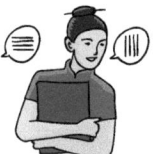

mofetoledi

traductora

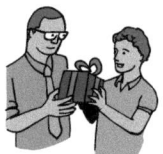

Re a leboga

gràcies

... ke bokae?

Quant costa... ?

ga ke kwešiše

No entenc

bothata

problema

Thobela!

Bona nit!

Meso e mebotse!

bon dia!

Robala botse!

bona nit!

šala gabotse

fins aviat

keletšo ya tsela

direcció

peke

bagatge

peke

bossa

mokotla wa dipuku

sarrona

moeng

convidat

phapoši

cambra

pekana ya go robala

sac de dormir

mokhukhu

tenda

boitsebišo bja moeti

oficina de turisme

lewatleng

platja

karata ya mokitlana

carta de crèdit

dijo tša mesong

esmorzar

matena

dinar

dijo tša mantšiboa

sopar

thikethe

bitllet

lifithi

ascensor

setempe

segell

border

frontera

setlwaedi

duana

embassy

ambaixada

visa

visat

phasepoto

passaport

senamelwa
transport

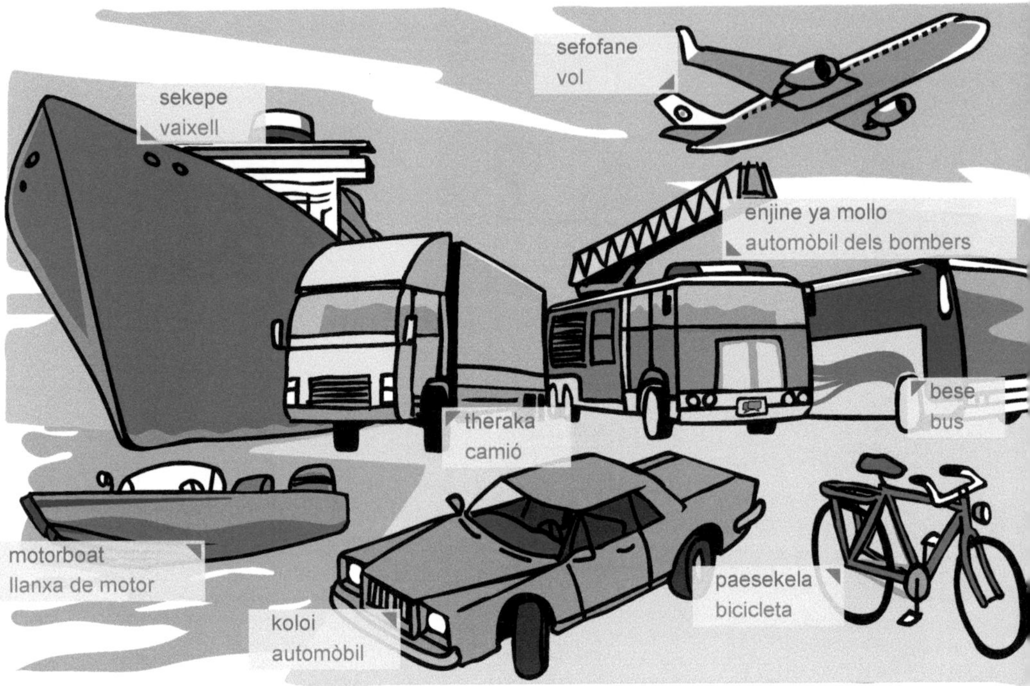
sefofane
vol
sekepe
vaixell
enjine ya mollo
automòbil dels bombers
bese
bus
theraka
camió
motorboat
llanxa de motor
koloi
automòbil
paesekela
bicicleta

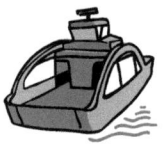

feri

transbordador

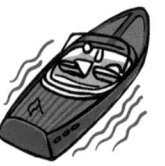

sekepe

barca

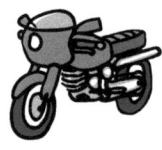

sethuthuthu

moto

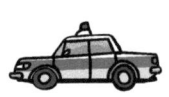

koloi ya maphodisa

automòbil de policia

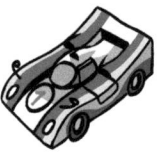

koloi ya go šiašiana

automòbil de curses

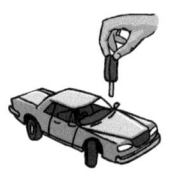

koloi ya go rentišwa

automòbil de lloguer

go arogana koloi

vehicle compartit

theraka ya go goga

grua

theraka ya ditlakala

camió de les escombraries

mmotho

motor

makhura

benzina

seteišene sa makhura

benzineria

leswao la therafiki

senyal de trànsit

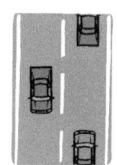

therafiki

trànsit

therafiki

embús

*elo la go phaka dikoloi

aparcament

seteišene sa terene

estació de trens

tsela

vies

terene

tren

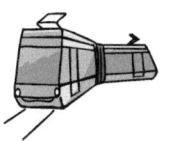

theramo

tramvia

koloi

vagó

sefofane

helicòpter

boemafofane

aeroport

serokami

torre

monamedi

passatger

seswari

contenidor

lepokisana

capsa de cartó

khathe

carretó

basket

cistella

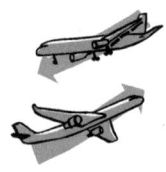

go tloga / go kwatama

enlairar-se / aterrar

toropo
ciutat

motse

poble

bogareng bja toropo

centre de la ciutat

ntlo

casa

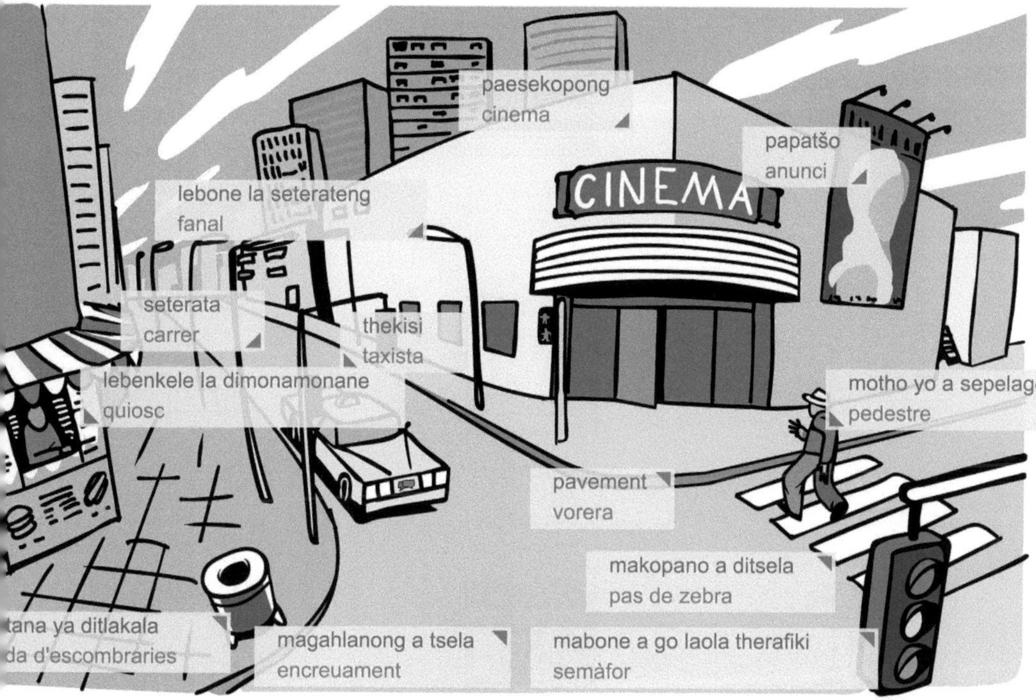

paesekopong
cinema

papatšo
anunci

lebone la seterateng
fanal

CINEMA

seterata
carrer

thekisi
taxista

lebenkele la dimonamonane
quiosc

motho yo a sepelago
pedestre

pavement
vorera

makopano a ditsela
pas de zebra

tana ya ditlakala
da d'escombraries

magahlanong a tsela
encreuament

mabone a go laola therafiki
semàfor

mokutwana

cabana

folete

apartament

seteišene sa terene

estació de trens

holo ya toropong

casa de la vila-ciutat

museamo

museu

sekolo

escola

yunibesithi

universitat

panka

banca

sepetlele

hospital

hotele

hotel

lebenkele la dihlare

farmàcia

ofisi

oficina

lebenkele la dipuku

llibreria

lebenkele la dijo

botiga

lebenkele la matšoba

floristeria

lebenkele la dihlare

supermercat

mmakete

mercat

lebenkele la dilo tše dintši

gran magatzem

fishmonger's

peixateria

lefelo la mabenkele

centre comercial

boemakepe

port

phaka

parc

bench

banc

leporogo

pont

ditepisi

escala

ka tlase

metro

thanele

túnel

boemela pese

parada d'autobús

bar

bar

lebenkele la dijo

restaurant

lepokisi la poso

bústia de correu

leswao la seterata

senyal indicador

mithara wa go phaka koloi

parquímetre

zuu

zoo

letamo la go rutha

piscina

lefelo la mamoseleme

mesquita

polasa

granja

tšhilafalo

pol·lució

mabitla

cementiri

kereke

església

lefelo la go bapala

parc infantil

tempele

temple

lefelo la dithaba

paisatge

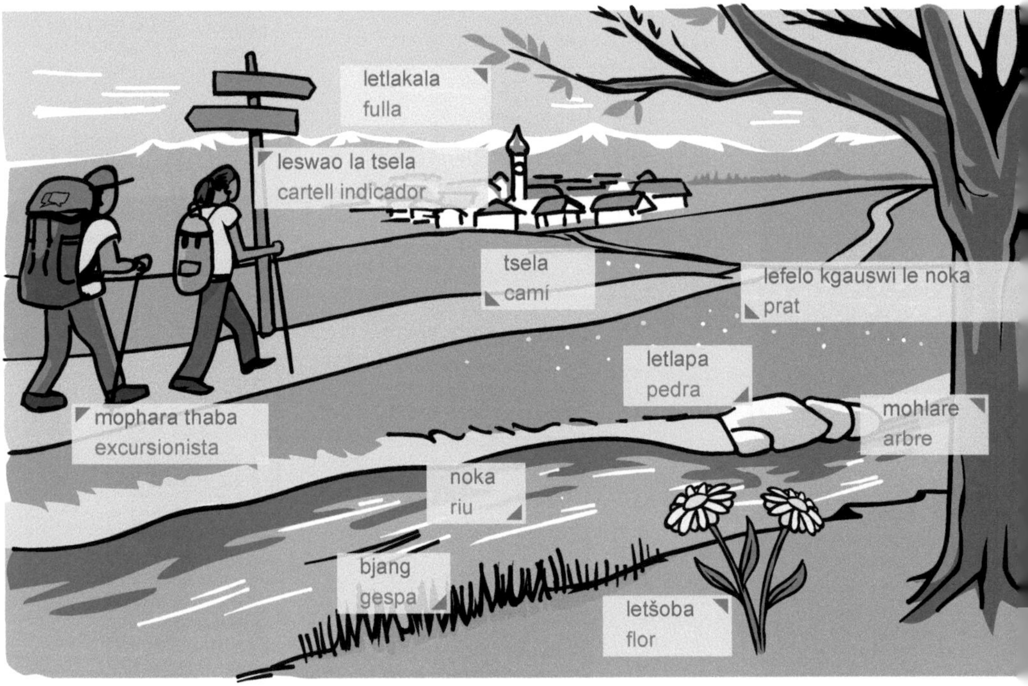

letlakala
fulla

leswao la tsela
cartell indicador

tsela
camí

lefelo kgauswi le noka
prat

letlapa
pedra

mophara thaba
excursionista

mohlare
arbre

noka
riu

bjang
gespa

letšoba
flor

tsela

vall

thaba

muntanya

letangwana la meetsi

llac

sethokgwa

bosc

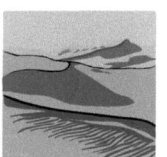

leganata

desert

thabamollo

volcà

ntlo e kgolo

castell

molalatladi

arc de Sant Martí

mushroom

bolet

palm tree

palmera

monang

moscard

fofa

mosca

ditšhošwane

formiga

nosi

abella

segokgo

aranya

khunkhwane

escarabat

segwagwa

granota

squirrel

esquirol

noko

eriçó

mmutla

llebre

leribiši

òliba

nonyana

ocell

mogolodi

cigne

kolobe ya naga

senglar

phuthi

cervo

phuthi

ant

letamo

presa

wind turbine

turbina

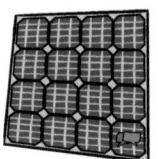

phanele ya solar

panell solar

leratadima

clima

lebenkele la dijo
restaurant

weithara
cambrer
lenaneo
menú
setulo
cadira
sopo
sopa
pizza
pizza
lešela la tafola
tovalla
cutlery
coberts

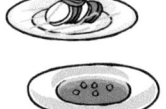

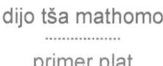

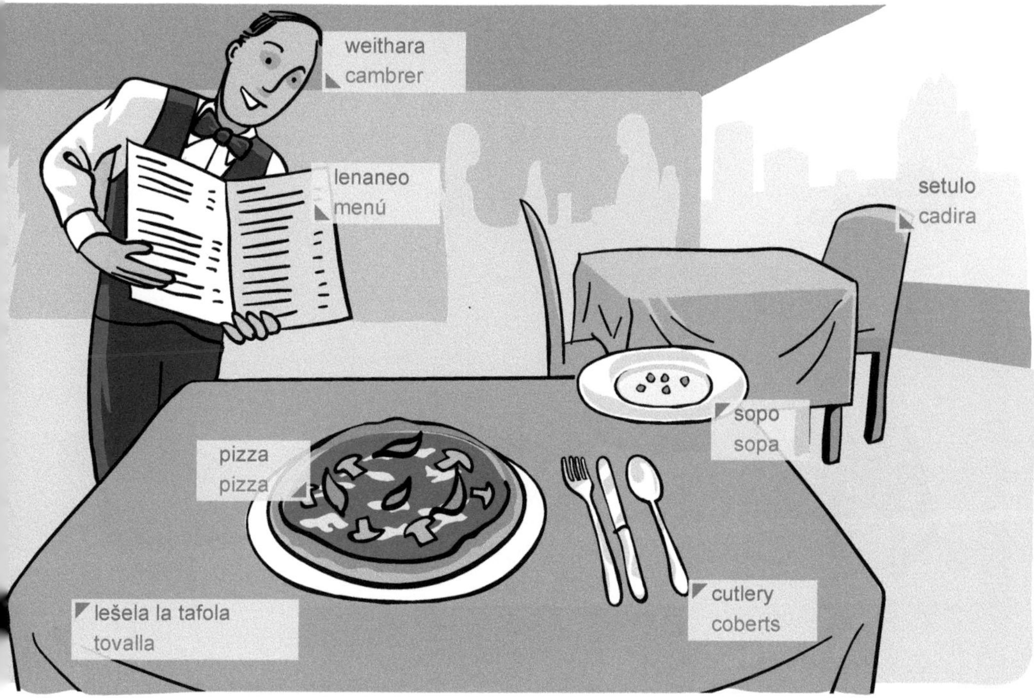

dijo tša mathomo

primer plat

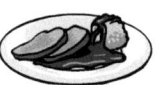

dijo

plat principal

dimonamonane

darreries

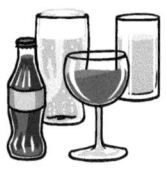

dino

begudes

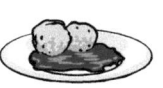

dijo

menjar

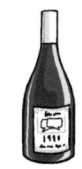

lepotlelo la ngwana

ampolla

fastfood

menjar ràpid

dijo tša seterateng

menjar de carrer

ketlele ya tea

tetera

poleitana swikiri

sucrer

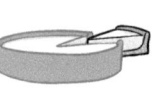

karolo

porció

motšhene wa espresso

màquina d'espresso

setulo sa godimo

trona

tefo

factura

therei

plata

thipa

ganivet

foroko

forqueta

lelepola

cullera

lelepola

cullereta

lešela la go iphomola

tovalló

galase

got

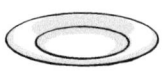

poleite

plat

poleite ya sopo

plat de sopa

sosara

plateret

moroto

salsa

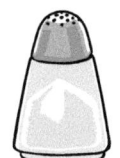

poto ya letswai

saler

sešila phepha

molinet de pebre

vinegar

vinagre

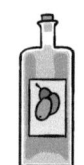

makhura

oli

sepaese

espècies

tamatisoso

quètxup

masetete

mostassa

mayonnaise

maionesa

lebenkele la dihlare

supermercat

dithekišo tša tlase
oferta especial
FOR
moreki
client
dijo tša go ba le maswi
productes lactis
dikenywa
fruites
teroli
carret de la compra

BUTCHERS

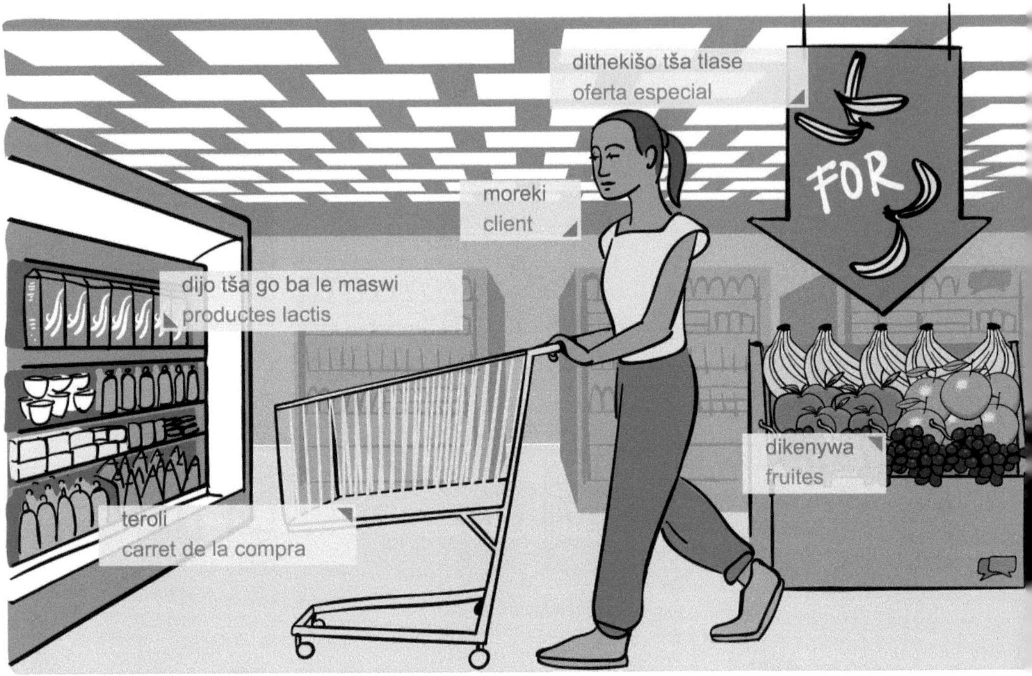

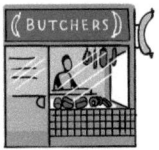

selaga

carnisseria

BAKERY

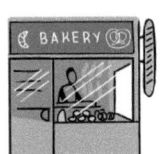

moapei wa dikuku

forn de pa

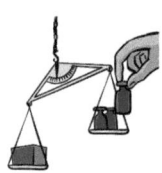

kala

pesar

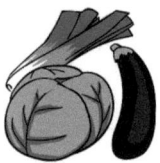

merogo

verdures

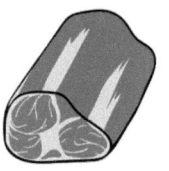

nama

carn

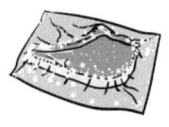

dijo tše gahlišitšwego

menjar congelat

nama ya go tonya

carn freda

tinned food

conserves

sešepi sa go hlatswa

detergent en pols

dimonamonane

dolços

dilo tša ka ntlong

articles domèstics

didirišwa tša go hlwekiša

productes de neteja

morekiši

venedora

till

caixa registradora

morekiši

caixera

haneo la tše rekišwago

llista de la compra

diiri tša go bula

horari d'obertura

sepatšhe

portamonedes

karata ya mokitlana

carta de crèdit

peke

bossa

peke ya polasetiki

bossa de plàstic

meetsi

aigua

Juice

suc

maswi

llet

coke

coca-cola

beine

vi

bhiri

cervesa

bjala

alcohol

cocoa

cacau

tea

te

kofi

cafè

espresso

espresso

cappuccino

cappuccino

banana

banana

apola

poma

namome

taronja

melon

síndria

namone

llimona

carrot

pastanaga

garlic

all

bamboo

bambú

keiye

ceba

mushroom

bolet

ditokomane

avellanes

noodles

fideus

spaghetti

espaguetis

raese

arròs

salate

amanida

ditšhipisi

patates fregides

matapola a gadikilwego

patates fregides

pizza

pizza

hambeka

hamburguesa

sandwich

entrepà

cutlet

escalopa

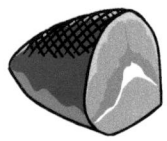

ham

cuixot

salami

salami

sausage

salsitxa

kgogo

pollastre

gadika

rostit

hlaphi

peix

bogobe bja oats

flocs de civada

muesli

musli

cornflakes

cereals

folouro

farina

croissant

croissant

dipanse

panet

borotho

pa

toaster

torrada

dipisikiti

bescuits

botoro

mantega

curd

mató

kuku

pastís

lee

ou

lee le gadikilwego

ou fregit

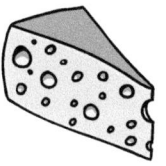

tshese

formatge

ice cream

gelat

swikiri

sucre

todi ya dinosi

mel

jeme

melmelada

chocolate spread

crema de xocolata

curry

curri

polasa
granja

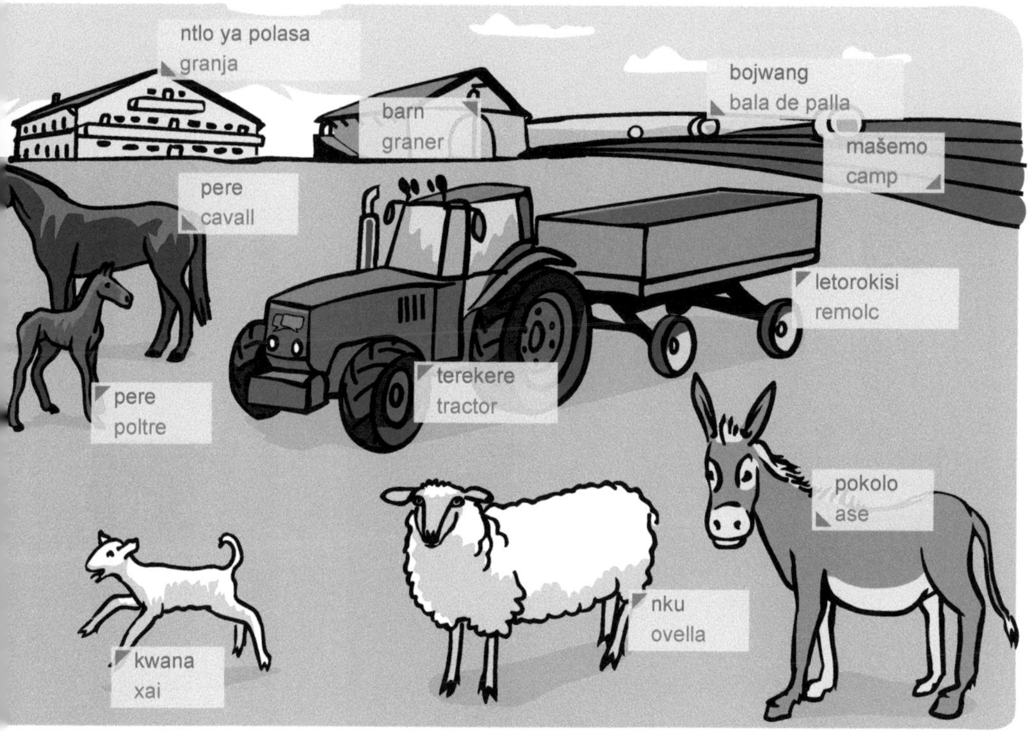
ntlo ya polasa
granja
barn
graner
bojwang
bala de palla
mašemo
camp
pere
cavall
letorokisi
remolc
terekere
tractor
pere
poltre
pokolo
ase
nku
ovella
kwana
xai

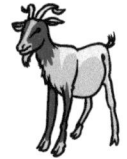

pudi

cabra

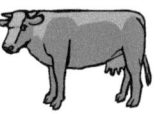

kgomu

vaca

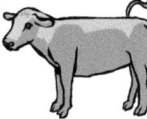

namane

vedella

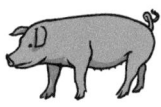

kolobe

porc

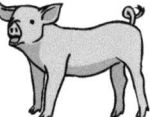

kolobjana

garrí

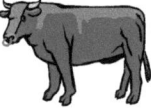

poo

bou

leganse

oca

leganse

ànec

letswienyane

poll

kgogo

gall

mokoko

gallina

legotlo

rata

katse

gat

legotlo

ratolí

pholo

bou

mpša

gos

ntlwana ya mpša

gossera

lethompo la seratswana

mànega de regar

khene ya meetse

regadora

peke

dalla

megoma ya terekere

arada

sekele

falç

mogoma

aixada

foroko

forca

selepe

destral

kiribai

carretó

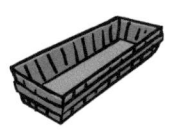

letangwana la meetsi

abeurador

khene ya maswi

lletera

lesaka

sac

fense

tanca

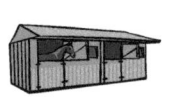

stable

establa

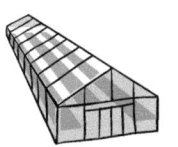

ntlwana ya galase ya
dihlare

hivernacle

mobu

sòl

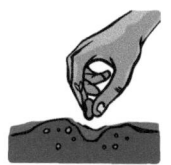

peu

llavor

manyora

adob

motšhene wa go buna

collidora

buna

collir

buna

collita

tse monate

nyam

korong

blat

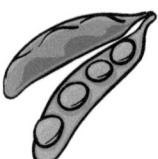

soy

soja

letapola

patata

korong

blat de moro o d'indi

rapeseed

colza

mohlare wa dikenywa

arbre fruiter

cassava

mandioca

disereale

cereals

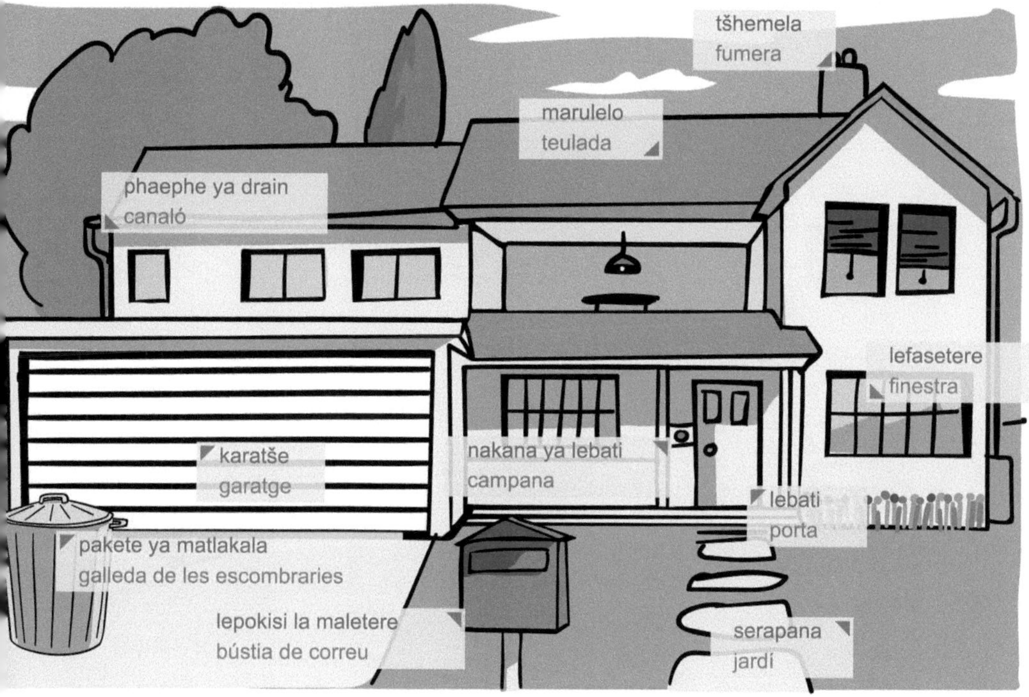

tšhemela
fumera

marulelo
teulada

phaephe ya drain
canaló

lefasetere
finestra

karatše
garatge

nakana ya lebati
campana

lebati
porta

pakete ya matlakala
galleda de les escombraries

lepokisi la maletere
bústia de correu

serapana
jardí

phapoši ya go dula

sala d'estar

kamora ya go hlapela

bany

boapeelo

cuina

phapoši ya go robala

cambra de dormir

phapoši ya bana

cambra de nen

lefelo la boiketlo

menjador

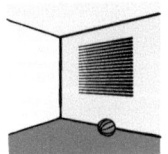

fase
sòl

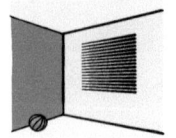

lebota
paret

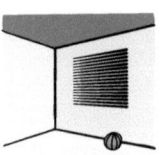

siling
sostre

cellar
soterrani

sauna
sauna

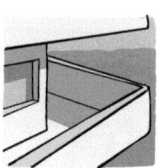

letsikangope
balcó

lelapa
terrassa

letamo la go rutha
piscina

motšhene wa go sega bjang
tallagespa

lešela la go iphomola
vànova

lešela la mpeto
cobrellit

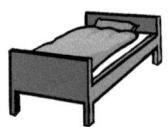

mpeto
llit

leswielo
escombra

pakete
galleda

pholaka
interruptor

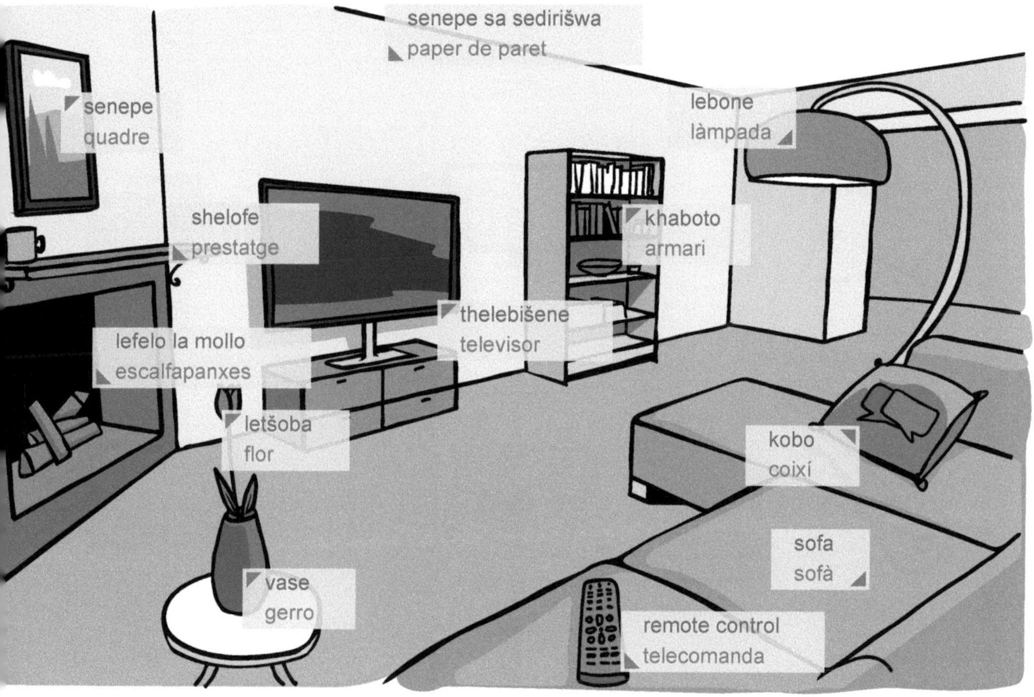

senepe sa sedirišwa
paper de paret

senepe
quadre

lebone
làmpada

shelofe
prestatge

khaboto
armari

lefelo la mollo
escalfapanxes

thelebišene
televisor

letšoba
flor

kobo
coixí

sofa
sofà

vase
gerro

remote control
telecomanda

khaphete

catifa

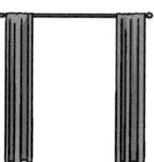

garetene

cortina

tafola

taula

setulo

cadira

rocking chair

cadira gronxadora

armchair

cadiral

buka

llibre

kobo

llençol

bokgabišo

decoració

dikota tša mollo

llenya

filimi

film

sedirišwa sa hi-fi

cadena de música

senotlelo

clau

kuranta

diari

go penta

pintura

phouseta

cartell

radio

ràdio

pukwana ya go ngwala

bloc de notes

motšhene wa go hlwekiša

aspiradora

mohlašana wa cactus

cactus

kerese

candela

boapeelo
cuina

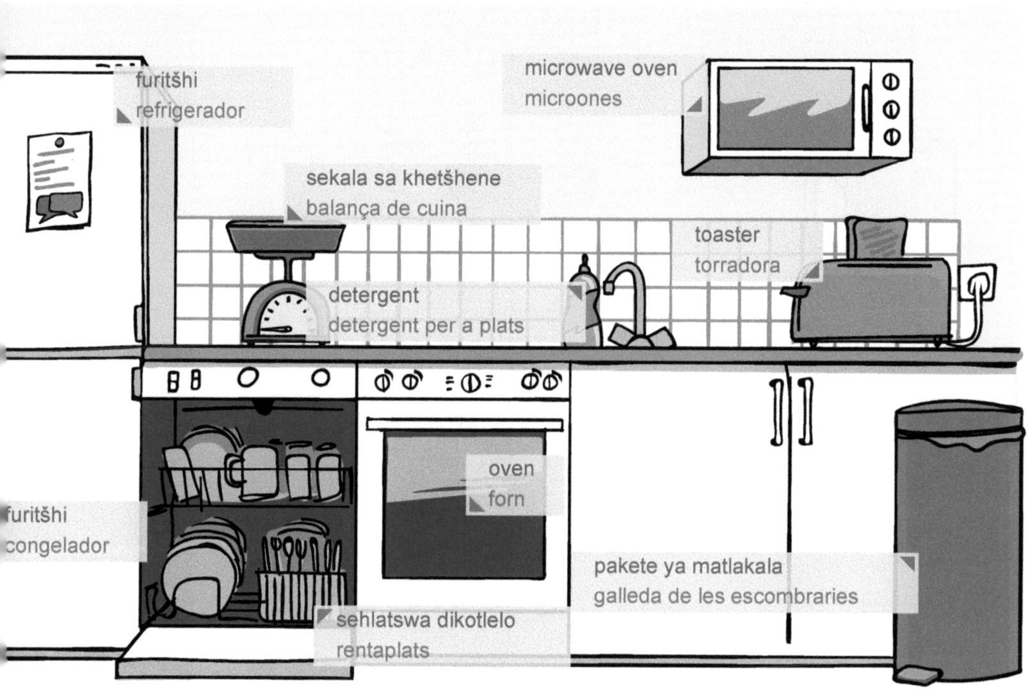

furitšhi
refrigerador
microwave oven
microones
sekala sa khetšhene
balança de cuina
toaster
torradora
detergent
detergent per a plats
oven
forn
furitšhi
congelador
pakete ya matlakala
galleda de les escombraries
sehlatswa dikotlelo
rentaplats

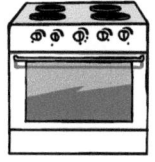

moapei
cuina de fogons

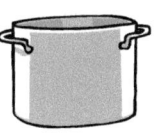

pitša
olla

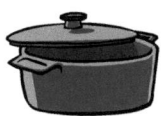

cast-iron pot
olla de ferro colat

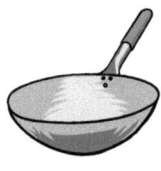

wok / kadai
wok / karahi

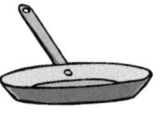

pane
paella

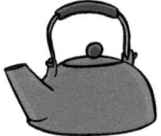

ketlele
bullidor

steamer

olla de vapor

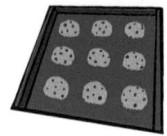

therei ya go paka

plata de forn

dikotlelo

vaixella

komiki

tassa grossa

mogopo

bol

diphathana tša go ja

bastonets xinesos

lelepola la ladle

culler

spatula

espàtula

whisk

batedor

strainer

colador

sefo

sedàs

kereitara

ratllador

mortar

morter

barbecue

barbacoa

thuntšha

foc a terra

boto ya dijo

taula de tallar

rolling pin

corró

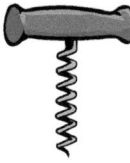

sebula lepotlelo

llevataps

khene

pot de conserva

sebula khene

obridor

seswara dipoto

agafador

sinki

aigüera

borashe

raspall

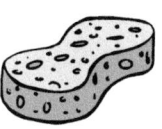

sepontše

esponja

sehlakanyi

batedora

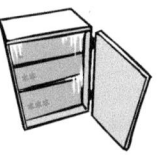

freezer

congelador

lepotlelo la ngwana

biberó

pompi

aixeta

kamora ya go hlapela

bany

šawara
dutxa
borutho
calefacció
toulo
tovallola
garetene ya šawara
cortina de dutxa
bubble bath
bany de bombolles
bata
banyera
galase
got
motšhene wa go hlatswa
rentadora
pompi
aixeta
dithaele
rajoles
poto
orinal
sinki
aigüera

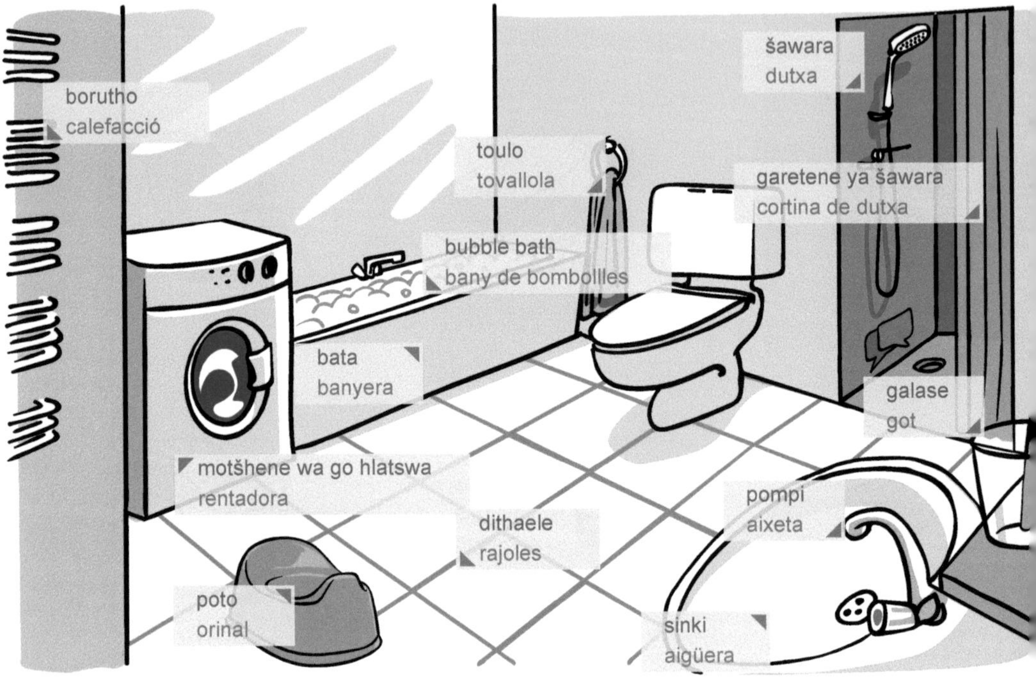

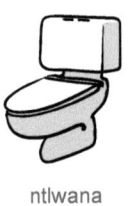

ntlwana

lavabo

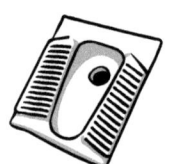

ntlwana ya ho tshorama

lavabo turc

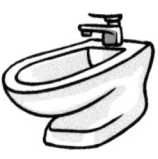

bidet

bidet

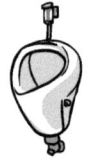

moroto

orinador

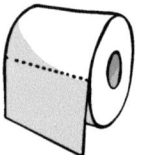

pampiri ya ntlwana

paper higiènic

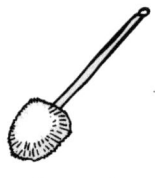

boraše ya ntlwana

escombreta de sanitari

raše ya ho hlapa meno

raspall de dents

sešepi sa meno

pasta de dents

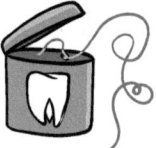

floss ya meno

fil dental

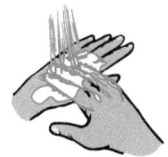

hlatswa

rentar

shawara ya go swarwa ka matsogo

pom de dutxa

douche

dutxa íntima

basin

rentamans

back brush

raspall per a l'esquena

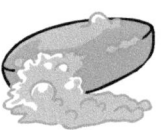

sešepi

sabó

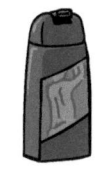

sešepi sa ka šawareng

gel de dutxa

shampoo

xampú

folene

manyopla de bany

drain

bonera

sa go tlola

crema

senkgiša bose

desodorant

seipone
mirall

sepili se senyenyane
mirall-espill de mà

legare
maquineta de rasar

shaving foam
espuma de barbejar

aftershave
loció post-rasada

kamo
pinta

boraše
raspall

derayara ya moriri
eixugador

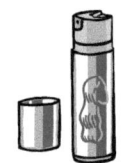

setlola sa moriri
laca

makeup
maquillatge

setlola sa molomo
pintallavis

varnish ya manala
esmalt d'ungles

wulu
cotó

sekero sa dinala
tallaungles

phefumo
perfum

ekana ya tša go hlapa

estoig de bellesa

setulo

tamboret

sekala

bàscula

toulwana ya go hlapa

barnús

ditlelafo tša rabara

guants de goma

tampon

compresa higiènica

toulo ya go phumula matsogo

compresa

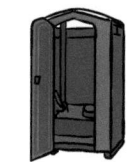

ntlwana ya dikhemikhale

sanitari químic

phapoši ya bana
cambra de nen

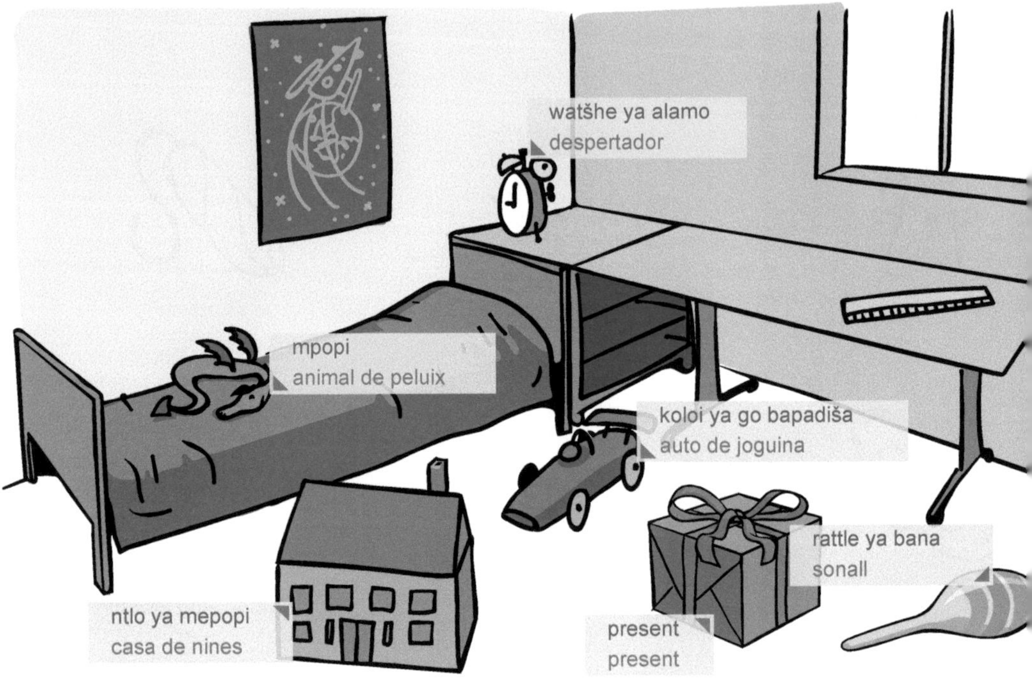
watšhe ya alamo
despertador
mpopi
animal de peluix
koloi ya go bapadiša
auto de joguina
rattle ya bana
sonall
ntlo ya mepopi
casa de nines
present
present

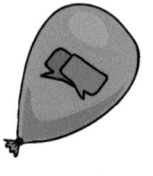

baluni

baló

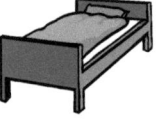

mpeto

llit

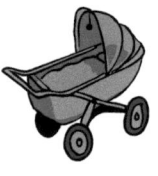

phorema

cotxet per a nens

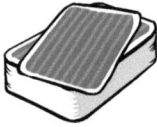

dikarata

joc de cartes

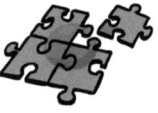

papadi ya jigsaw

trencaclosca

SUPER MEGA

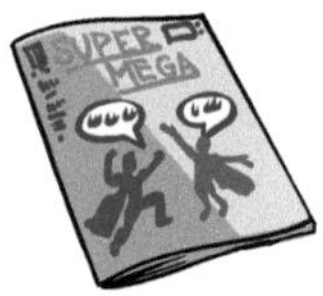

metlae

historieta

papadi ya lego bricks

peces de lego

papadi ya building blocks

peces de construcció

action figure

ninot d'acció

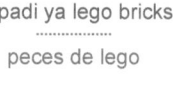

go gola ga ngwana

granota

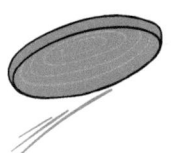

papadi ya Frisbee

frisbee

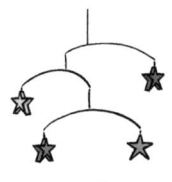

mobile

mòbil per a bressol

papadi ya boto

joc de taula

letaese

daus

model train set

tren elèctric

tami

xumet

phathi

festa

puku ya dinepe

llibre de dibuixos

kgwele

pilota

mpopi

nina

bapala

jugar

sandpit

sorrera

swing

gronxador

tša go bapadiša

joguines

sediršwa sa dipapadi tša bidio

consola de jocs de vídeo

paesekele ya bana

tricicle

teddy bear

osset de peluix

oteropo

armari

masokisi

mitjons

masokisi

mitges

pentihouso

mitja pantaló

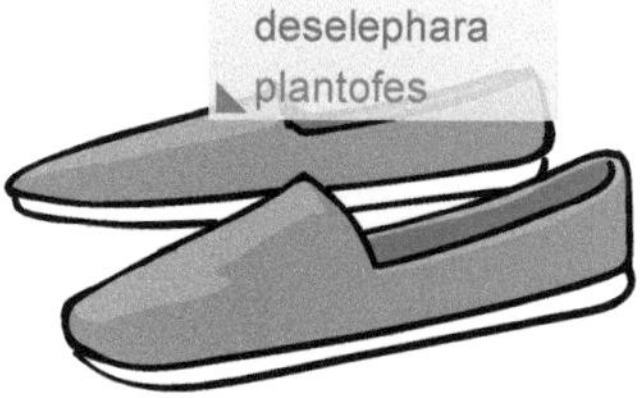

sekhafo
tapacoll

amporela
paraigua

sekhipha
camiseta

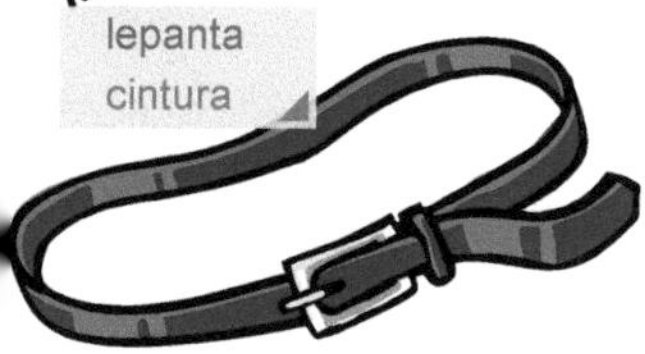

lepanta
cintura

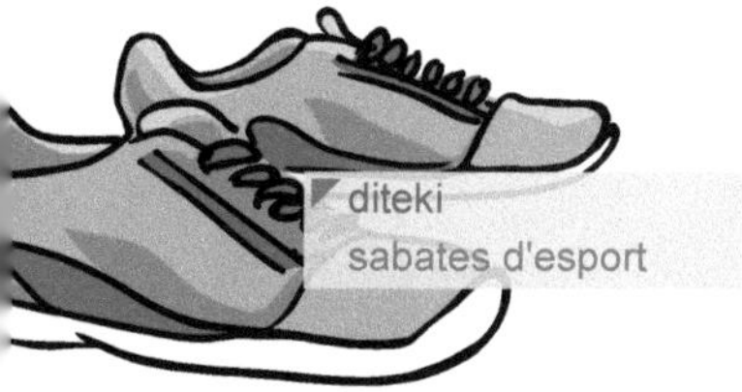

diputsu
botes

deselephara
plantofes

diteki
sabates d'esport

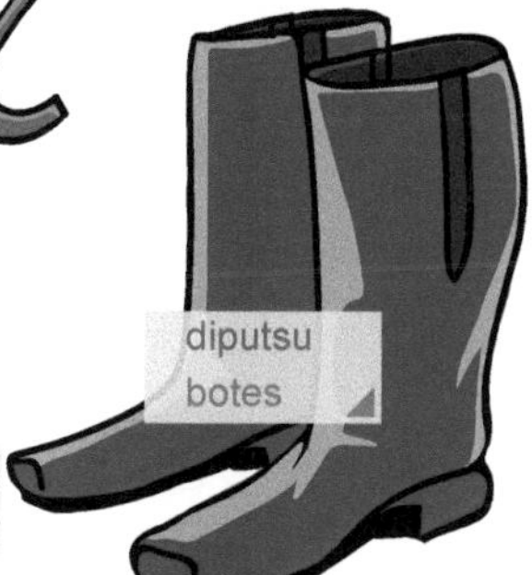

ramphešane
....
sandàlies

dieta
....
sabates

diputsu tša rabara
....
botes de goma

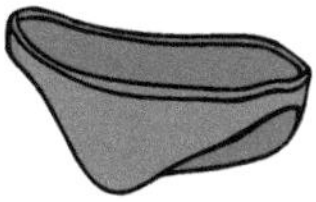

rokgwana bja ka fase
....
calçonets

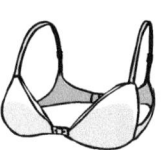

seaparo sa bra
....
sostenidor

besete
....
guardapits

mmele

jjustacòs

marokgo

pantalons

pokathe

jeans

sekhethe

faldeta

seaparo sa blouse

brusa

hempe

camisa

jase

jersei

jase

dessuadora

seaparo sa blazer

blazer

baki

jaqueta

jase

mantell

jase ya pula

impermeable

khosetumo

vestit de dona

roko

vestit de dona

lešira

vestit de núvia

sutu

vestit d'home

seaparo sa go robala

camisa de dormir

dipejama

pijama

sari

sari

sekafo

mocador de cap

turban

turbant

seaparo sa burqa

burca

roko ya kaftan

caftan

abaya

abaia

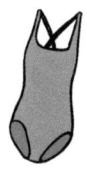

seaparo sa go rutha

vestit de bany

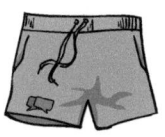

diteranka

calçon(et)s de bany

marukgwana a manyenyane

pantalons curts

terekesutu

xandall

apron

davantal

ditlelafo

guants

konope

botó

digalase

ulleres

boreiselete

braçalet

nekeleise

collaret

palamonwana

anell

lengena

orellera

kepisi

casquet

hengere ya jase

penjador

kefa

capell

thai

corbata

zip

cremallera

helmete

casc

braces

elàstics

diaparo tša sekolo

uniforme escolar

unifomo

uniforme

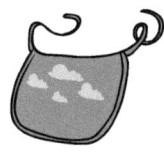

seaparo sa bib

pitet

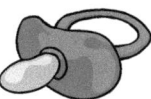

tami

xumet

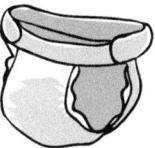

mongato

bolquer

ofisi

oficina

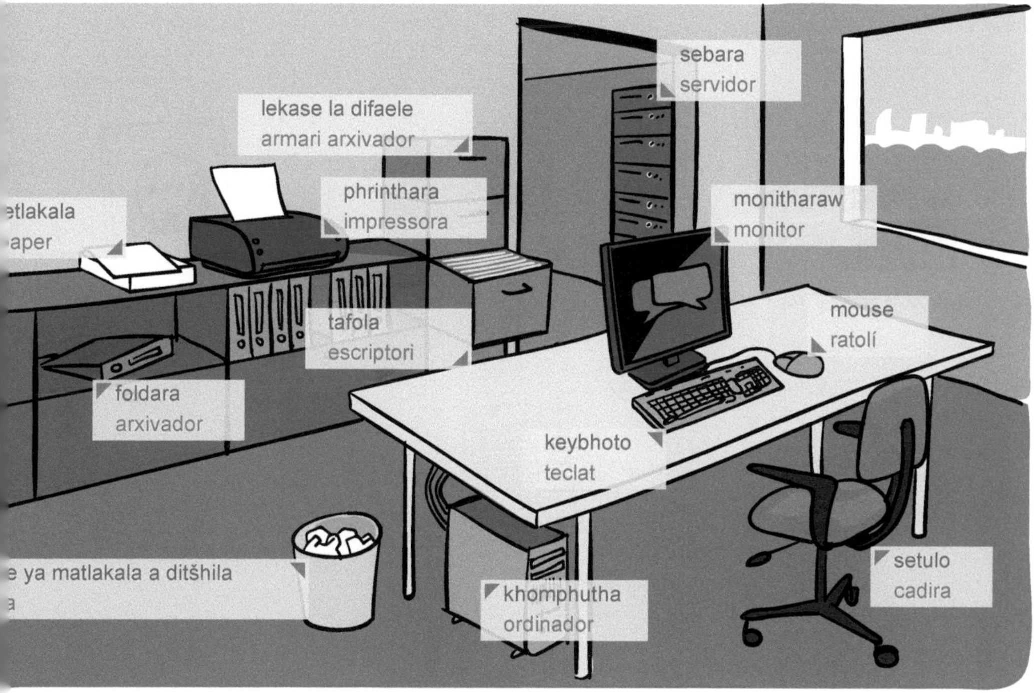
sebara
servidor
lekase la difaele
armari arxivador
tlakala
aper
phrinthara
impressora
monitharaw
monitor
tafola
escriptori
mouse
ratolí
foldara
arxivador
keybhoto
teclat
ya matlakala a ditšhila
setulo
cadira
khomphutha
ordinador

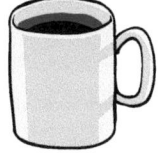

komiki ya kofi

tassa de cafè

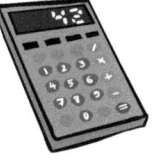

khalekhuleitha

calculadora

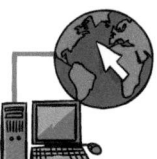

inthanete

Internet

laptop

ordinador portàtil

lengwalo

lletra

molaetša

missatge

mogalathekeng

mòbil

netweke

xarxa

motšhene wa go photokhopa

fotocopiadora

software

programari

mogala

telèfon

pholaka ya sokete

presa de corrent

motšhine wa go fekesa

fax

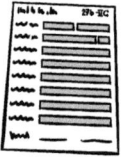

fomo

formulari

dipampiri

document

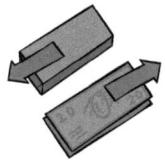

reka
....
comprar

lefa
....
pagar

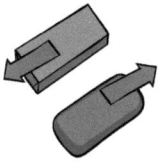

rekiša
....
comerciar

tšhelete
....
diners

dollar
....
dòlar

euro
....
euro

yen
....
ien

rouble
....
ruble

Swiss franc
....
franc suís

renminbi yuan
....
renminbi

rupee
....
rupia

lefelo la go ntšha tšhelete
....
caixa automàtica

lefelo la go fetola tšhelete

oficina de canvi

gauta

or

silifera

argent

oil

petroli

matla

energia

poraese

preu

konteraka

contracte

motšhelo

impost

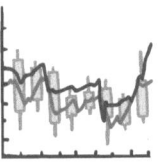

setokho

acció

mošomo

treballar

mošomi

treballador

mothwadi

empresari

feketori

fàbrica

lebenkele la dijo

botiga

bodulo
oficis

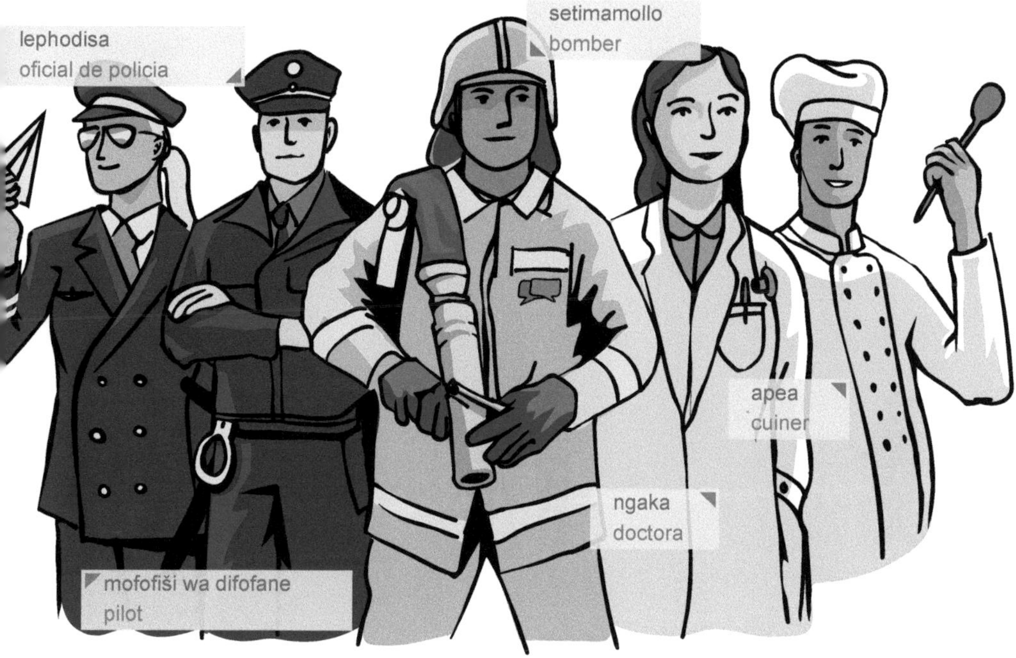

lephodisa
oficial de policia
setimamollo
bomber
apea
cuiner
ngaka
doctora
mofofiši wa difofane
pilot

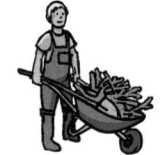

hlokomedi wa dirapana

jardiner

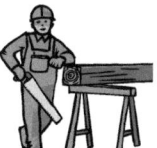

mmetli

fuster

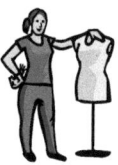

moroki

costurera

moahlodi

jutge

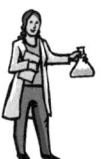

khemise

química

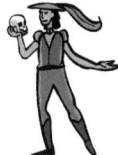

mmapadi

actor

mootledi wa pase

conductor d'autobús

mootledi wa thekisi

taxista

moswara dihlapi

pescador

mosadi wa go hlwekiša

dona de la neteja

molokiša marulelo

ensostrador

weithara

cambrer

motsomi

caçador

motho wa go penta

pintor

mopaki

forner

electrician

electricista

moagi

obrer de la construcció

moenjeneare

enginyer

selaga

carnisser

polambara

llanterner

mosepediši wa poso

correu

mohlabani

soldat

mothadi wa dintlo

arquitecte

morekiši

caixera

molemi wa matšoba

florista

mologi wa moriri

perruquer

molaodi

revisor

mekhenikhe

mecànic

mokapotene

capità

ngaka ya meno

dentista

rathutamahlale

científic

moruti

rabí

moetapele wa dithapelo

imam

monk

monjo

moruti

capellà

didirišwa

eines

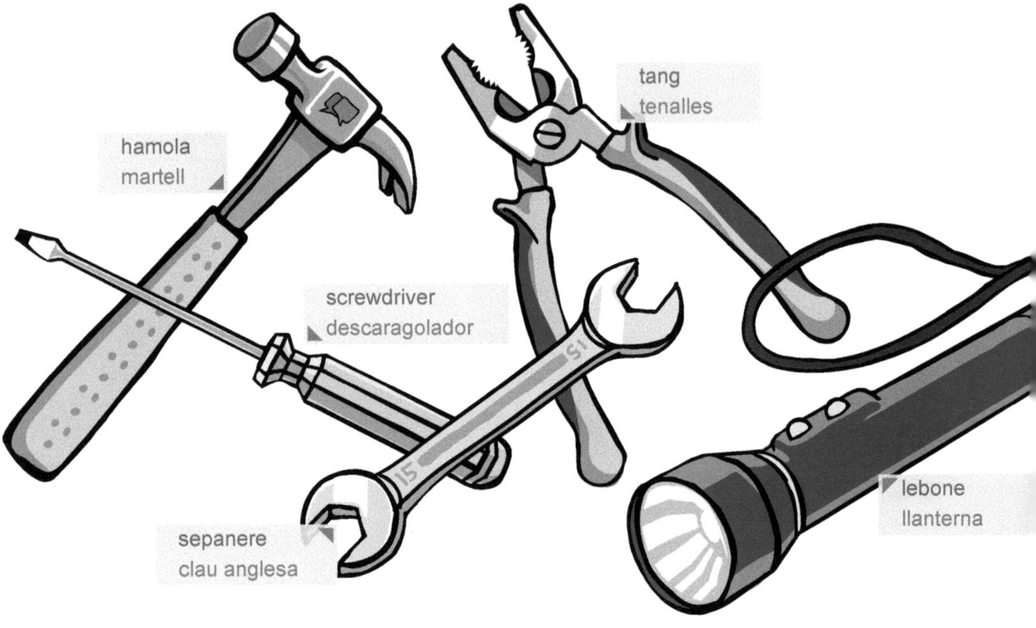

hamola
martell
tang
tenalles
screwdriver
descaragolador
sepanere
clau anglesa
lebone
llanterna

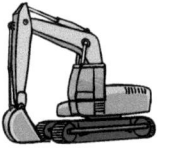

seepi

excavadora

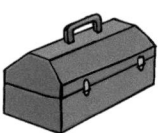

lepokisi la dithulusi

caixa d'eines

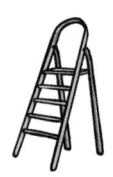

llere

escala

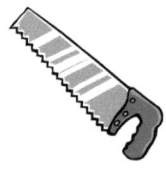

saga

serra

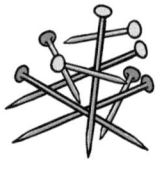

dipikiri

claus

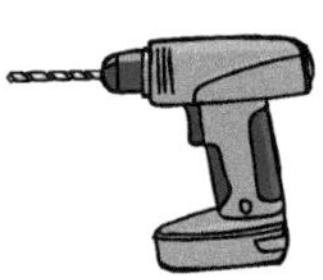

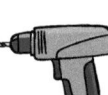

sebori

trepant

lokiša
reparar

garafo
pala

ijoo!
Maleït siga!

seolela matlakala
pala

pitša ya pente
pot de pintura

sekurufu
caragols

didirišwa tša mmino
instrument de música

diteramo
bateria

segaša modumo
altaveu

beise ya gabedi
contrabaix

porompeta
trompeta

katara
guitarra

piano

piano

violin

violí

beise

baix

timpani

timbal

diteramo

tambor

keybhoto

teclat

saxophone

saxofon

phala

flauta

mmaekrofouno

micròfon

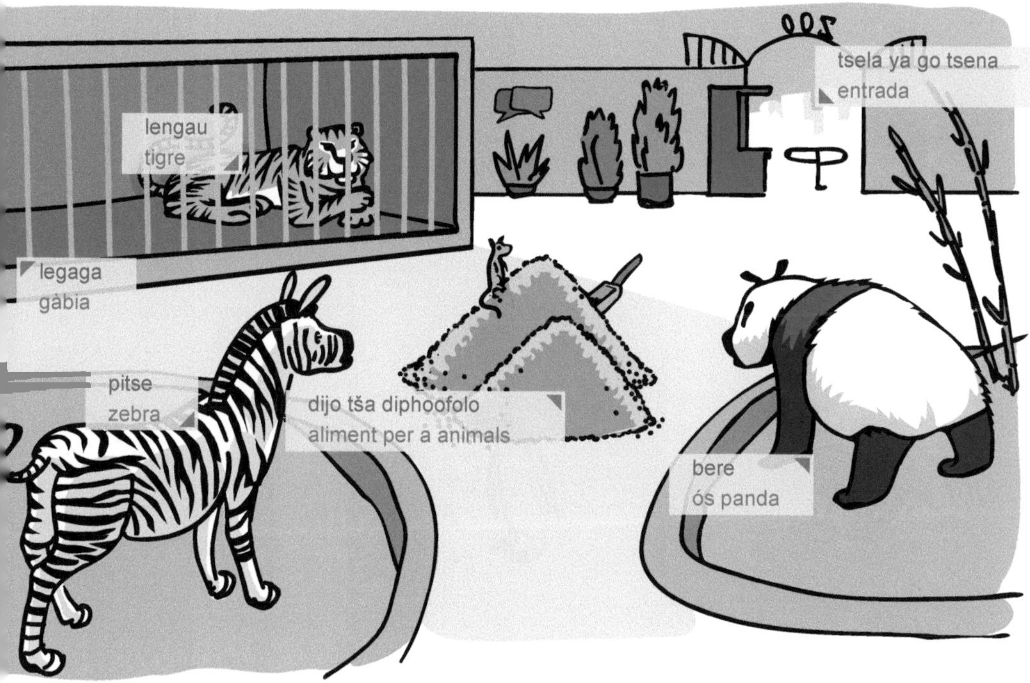

tsela ya go tsena
entrada

lengau
tigre

legaga
gàbia

pitse
zebra

dijo tša diphoofolo
aliment per a animals

bere
ós panda

diphoofolo

animals

tlou

elefant

kangaroo

cangurú

tšhukudu

rinoceront

gorilla

goril·la

bere

ós

kamela

camell

mpšhe

estruç

tau

lleó

tšhwene

simi

nonyana ya flamingo

flamenc

nonyana ya parrot

papagai

bere ya polar

ós polar

penguin

pingüí

shark

ca mari

phikoko

paó

noga

serp

kwena

cocodril

mohlokomedi wa di zoo

guardià del zoo

sili

foca

jaquar

jaguar

pokolo

poni

lepogo

lleopard

hippo

hipopòtam

thutlwa

girafa

lenong

àliga

kolobe ya naga

senglar

hlaphi

peix

khudu

tortuga

walrus

morsa

phiri

guineu

phuthi

gasela

kgwele ya Amerika
futbol americà

go reila paesekela
ciclisme

thenese
tenis

basketball
bàsquet

go rutha
natació

ntwa ya matswele
boxa

hockey ya lehlweng
hoquei sobre gel

kgwele ya maoto

futbol americà

badminton

bàdminton

bakitimi

atletisme

polo ya matsogo

handbol

skiing

esquí

polo

polo

mediro
activitats

taboga
saltar
gokara
abraçar
sega
riure
sepela
anar
opela
cantar
lora
somiar
rapela
pregar
atla
fer un petó

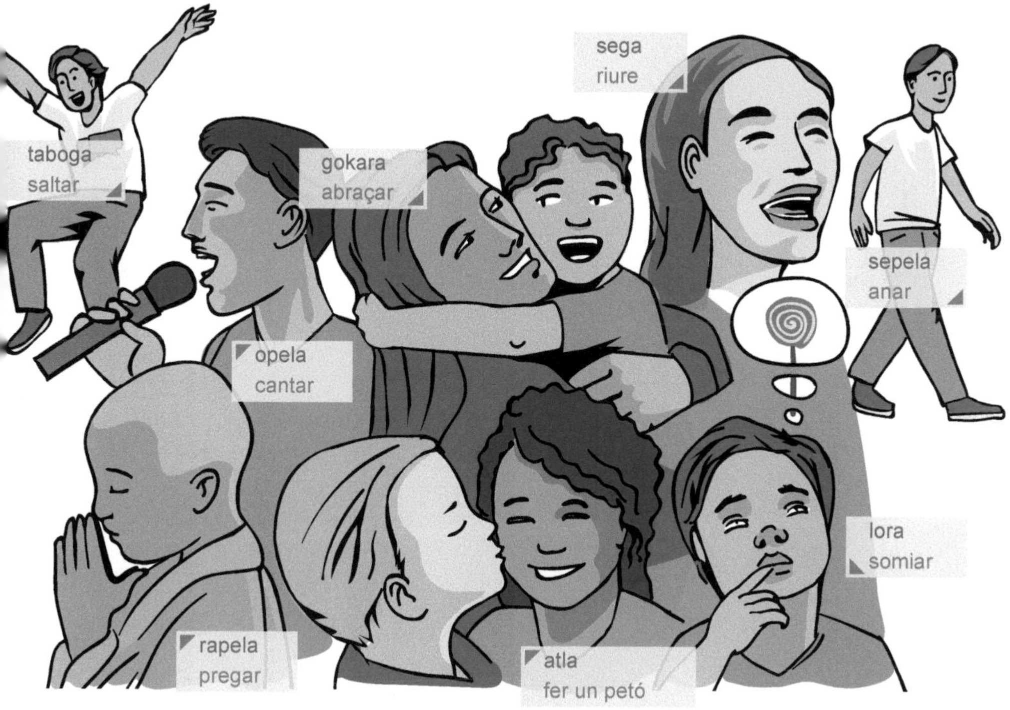

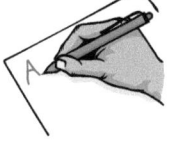

ngwala

escriure

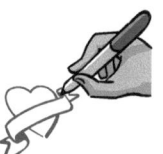

thala

dibuixar

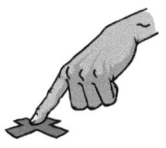

bontšha

mostrar

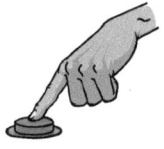

kgorometša

pitjar

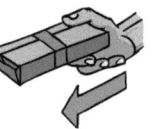

efa

donar

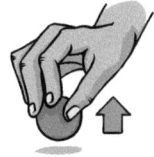

tšea

prendre

e ba le

tenir

dira

fer

eba

ésser

ema

estar dret

kitima

córrer

goga

estirar

lahlela

llançar

e wa

caure

maaka

jeure

emanyana

esperar

rwala

portar

dula

asseure's

go apara

vestir-se

robala

dormir

tsoga

despertar-se

lebelela

mirar

lla

plorar

seterouko

amoixar

kamo

pentinar

bolela

parlar

kwešiša

comprendre

botšiša

demanar

theetša

escoltar

e nwa

beure

eja

menjar

hlwekiša

endreçar

lerato

estimar

apea

cuinar

otlela

conduir

fofa

volar

sesa

navegar

khalekhuleitha

calcular

bala

llegir

ithute

aprendre

mošomo

treballar

nyala

casar-se

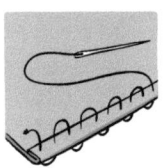

roka

cosir

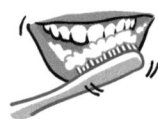

hlapa meno

raspallar-se les dents

bolaya

matar

kgoga

fumar

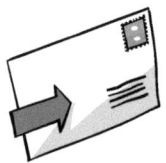

romela

enviar

lelapa
família

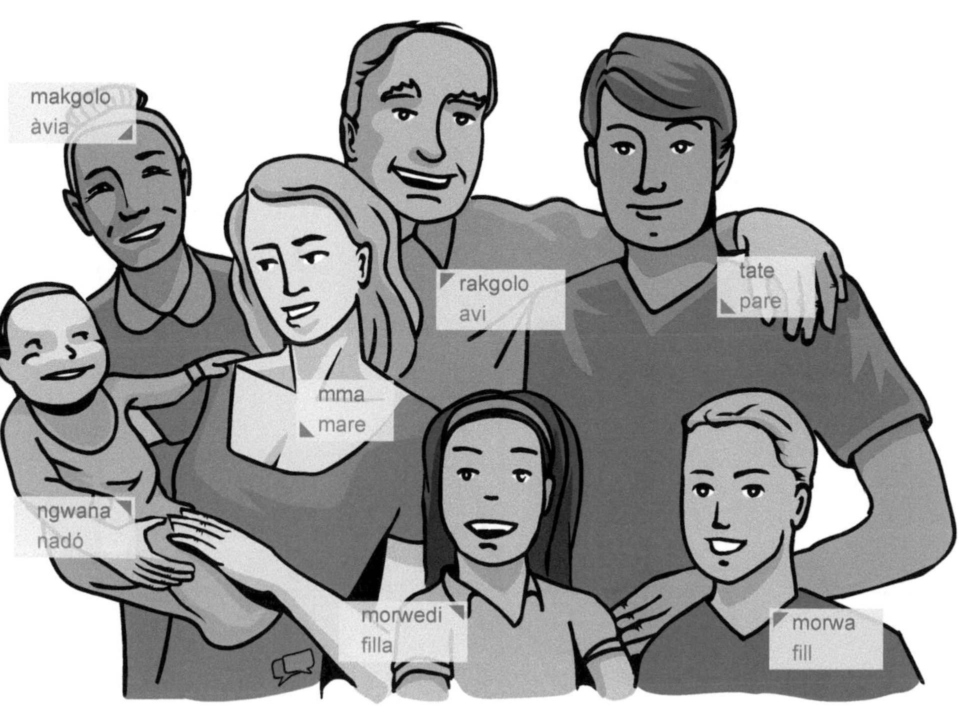

makgolo
àvia
rakgolo
avi
tate
pare
mma
mare
ngwana
nadó
morwedi
filla
morwa
fill

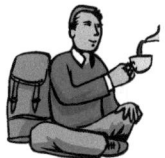

moeng
convidat

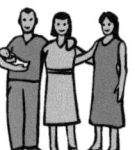

rakgadi
tia

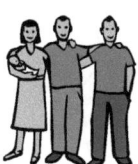

malome
oncle

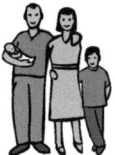

abuti
germà

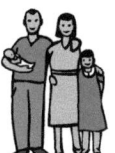

sesi
germana

mmele

cos

phatla
front
leihlo
ull
magetla
espatlla
monwana
dit
sefahlego
cara
seledu
barbeta
seatla
mà
leoto
cama
letswele
pit
letsogo
braç

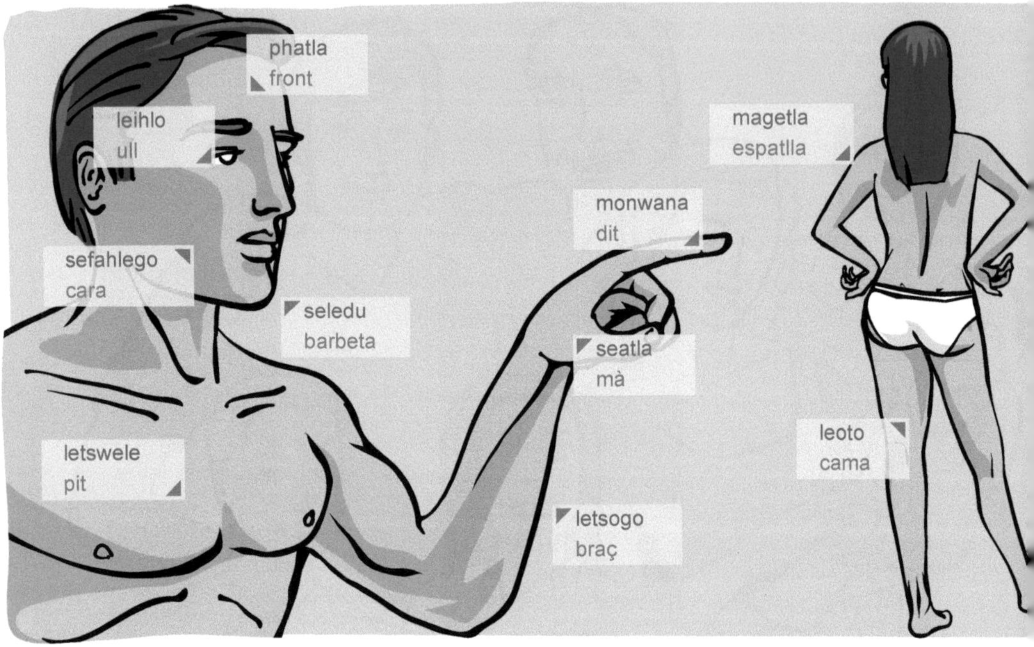

ngwana
nadó

monna
home

mosadi
dona

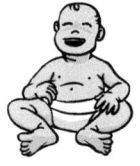

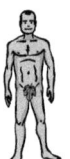

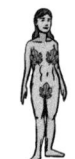

kgarebe
noia

mošemane
noi

hlogo
cap

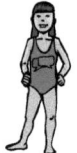

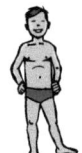

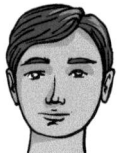

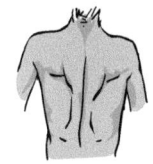

morago

esquena

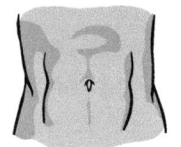

mokhaba

panxa

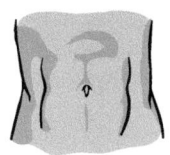

mokhubu

melic

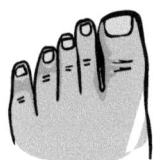

monwana

dit gros del peu

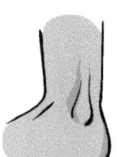

tlhako

taló

lerapo

os

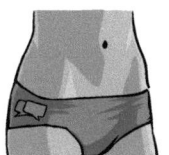

matheka

maluc

leoto

genoll

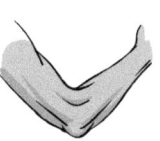

khuru

colze

nko

nas

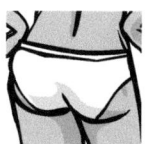

tlase

cul

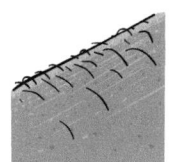

letlalo

pell

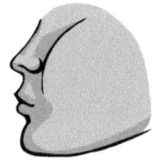

lerama

galta

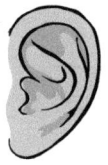

tsebe

orella

molomo

llavi

molomo

boca

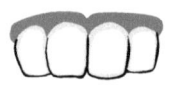

leino

dent

Leleme

llengua

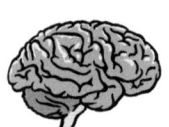

bjoko

cervell

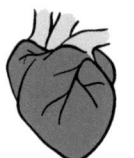

pelo

cor

segoba

múscul

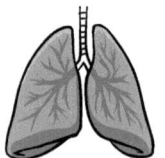

maswafo

pulmó

sebete

fetge

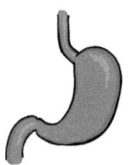

mala

estómac

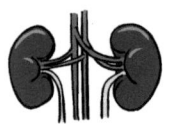

diphsio

ronyó

thobalano

relació sexual

condom

preservatiu

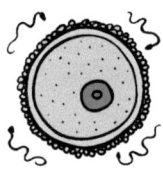

Ovum

ovari

matshedi

semen

go ima

prenyat

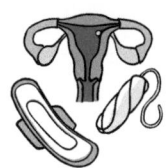

go bona kgwedi

menstruació

setho sa bosadi

vagina

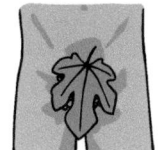

setho sa bonna

penis

dintši

cella

moriri

cabells

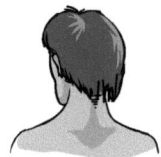

molala

coll

sepetlele
hospital

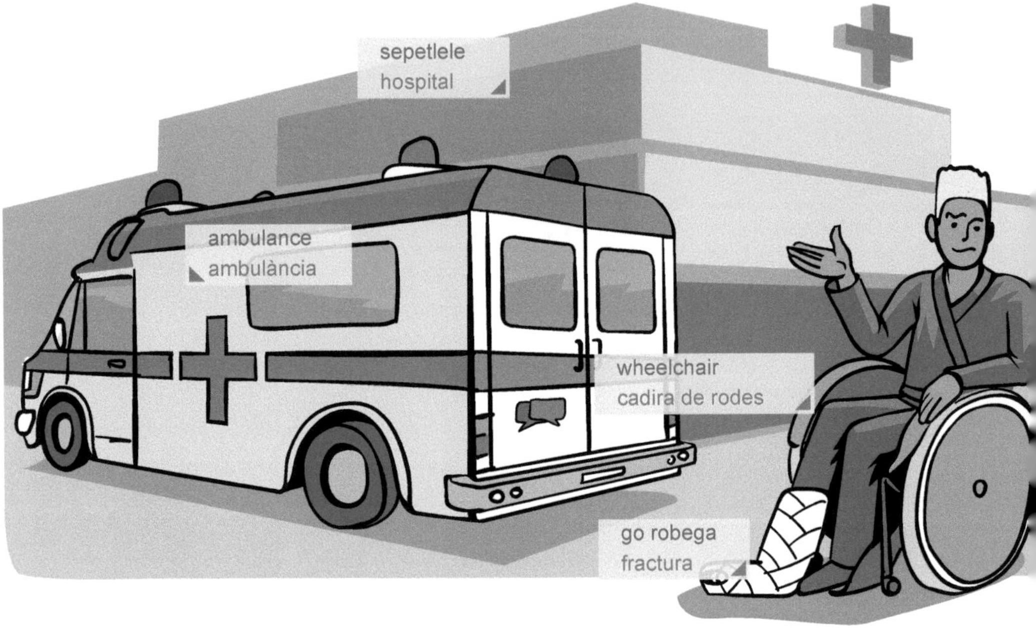

sepetlele
hospital
ambulance
ambulància
wheelchair
cadira de rodes
go robega
fractura

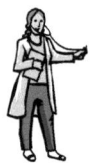

ngaka

doctora

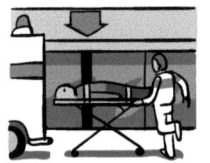

phapoši ya tša tšhoganetšo

sala d'urgències

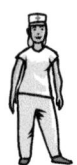

mooki

infermera

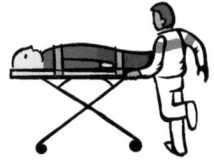

tšhoganetšo

urgència

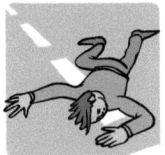

go idibala

inconscient

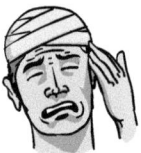

bohloko

dolor

go gobala

ferida

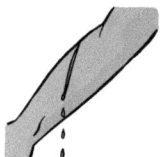

go tšwa madi

sagnament

bolwetši bja pelo

atac de cor

setorouko

apoplexia

ge mmele o ganana le dijo

al·lèrgia

go gohlola

tos

go gohlola

febre

sehuba

gripa

letšhollo

diarrea

go opa ke hlogo

mal de cap

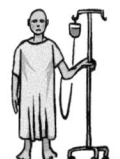

kankere

càncer

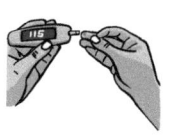

swikiri

diabetis

mmui

cirurgià

thipa ya scalpel

escalpel

go bulwa

operació

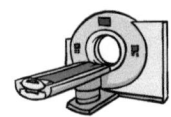

CT
tomografia computada (TC), TAC

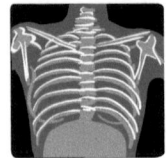

x-ray
raigs x

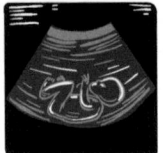

ultrasound
ultrasò

sethiba sefahlego
mascareta

bolwetši
malaltia

phapoši ya go leta
sala d'espera

lehlotlo
crossa

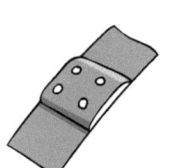

sedirišwa sa plaster
tireta

lešela la ntho
embenat

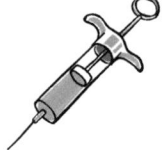

nalete
injecció

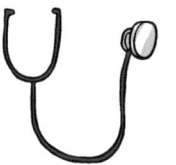

sthehosekoupo
estetoscopi

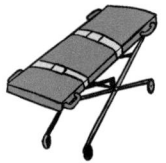

seteretšhara
llitera

themoketha ya kgathelelo
termòmetre clínic

go belebga
pariment

mmele o mogolo
sobrepès

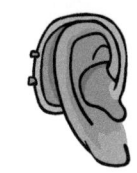

sethuša ditsebe

aparell auditiu

disinfectant

desinfectant

twatši

infecció

baerase

virus

HIV / AIDS

VIH / SIDA

dihlare

medicina

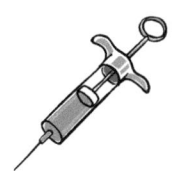

mhabelo ya go thibela
malwetši

vaccí

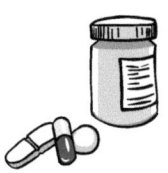

dipilisi

comprimits

pilisi

píl·lola

mogala wa tšhoganetšo

trucada d'urgència

sehlahlobi sa pelo

tensiòmetre

go babja / phetše gabotse

malalt / sà

Thušo!

Socors!

alamo

alarma

go tšhošetšwa

assalt

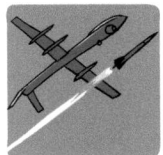

tlhaselo

atac

kotsi

perill

go tšwa ka tšhoganetšo

sortida-eixida d'urgència

Mollo!

Foc!

setimamollo

extintor

kotsi

accident

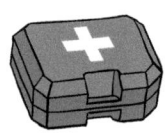

first-aid kit

farmaciola de primers
auxilis

SOS

SOS

maphodisa

policia

Yuropa

Europa

Amerika Bodikela

Amèrica del Nord

Amerika Borwa

Amèrica del Sud

Afrika

Àfrica

Asia

Àsia

Australia

Austràlia

Atlantic

Atlàntic

Pacific

Pacífic

Lewatle la India

Oceà Índic

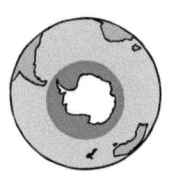

Lewatle la Antarctic

Oceà Antàrtic

Lewatle la Arctic

Oceà Àrtic

North Pole

pol nord

South Pole
....
pol sud

Antarctica
....
Antàrtida

Lefase
....
terra

naga
....
país

noka
....
mar

island
....
illa

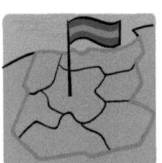

naga
....
nació

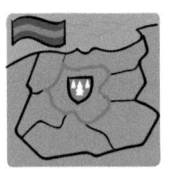

state
....
estat

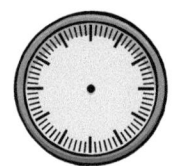

šupanako sa dinomoro

quadrant

diiri tša sešupanako

agulla de les hores

metsotso ya sešupanako

agulla dels minuts

metsotswana ya
sešupanako
agulla dels segons

Ke nako mang?

Quina hora és?

letšatši

dia

nako

temps

gona bjale

ara

sešupanako sa dinomoro

rellotge digital

metsotso

minut

iri

hora

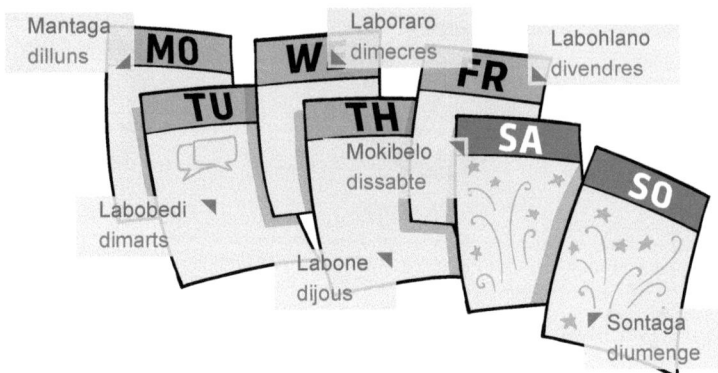

Mantaga
dilluns — MO

W Laboraro
dimecres

Labohlano
divendres — FR

TU

TH

SA

SO

Labobedi
dimarts

Mokibelo
dissabte

Labone
dijous

Sontaga
diumenge

maobane
....
ahir

lehono
....
avui

ka moswana
....
demà

mesong
....
matí

Thapama
....
migdia

mantšiboa
....
tarda

matšatši a kgwebo
....
dia feiner

mafelobeke
....
cap de setmana

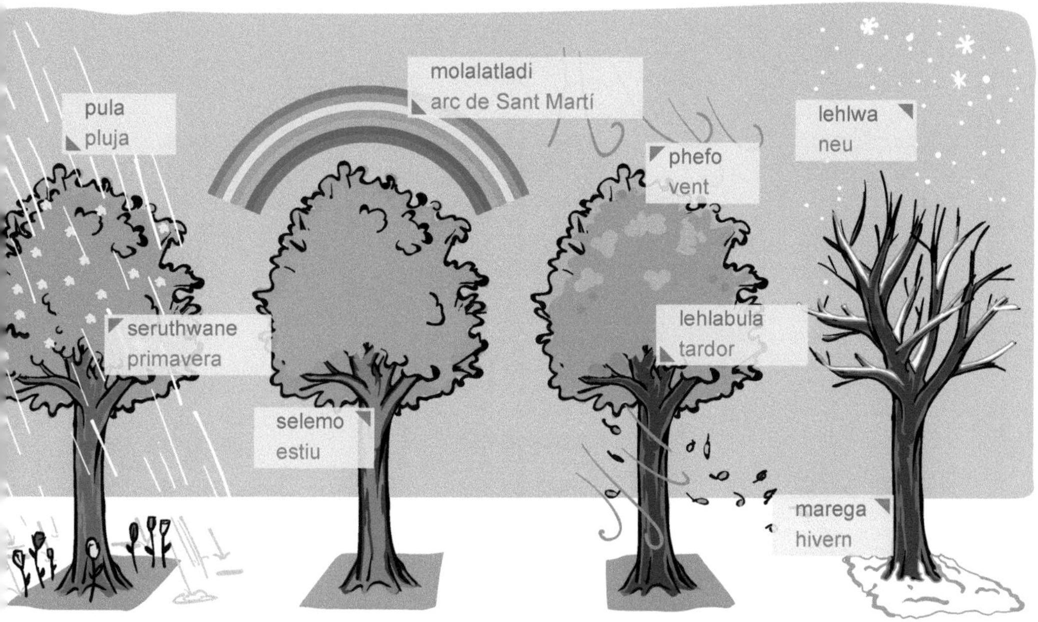

pula
pluja

molalatladi
arc de Sant Martí

lehlwa
neu

phefo
vent

seruthwane
primavera

lehlabula
tardor

selemo
estiu

marega
hivern

4.APRIL	11°	☀
5.APRIL	4°	☁
6.APRIL	13°	☂
7.APRIL	8°	❄
8.APRIL	10°	☀

sebišo ya leratadima

pronòstic del temps

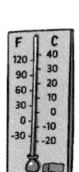

thermometer

termòmetre

mahlasedi a letšatši

llum del sol

maru

núvol

kgudi

boira

go koloba

humiditat de l'aire

legadima

llamp

legadima

tro

ledimo

tempesta

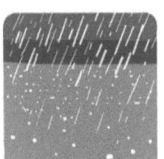

sefako

calamarsa

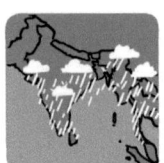

ledimo

monsó

lefula

inundació

lehlwa

gel

January

gener

February

febrer

March

març

April

abril

May

maig

June

juny

July

juliol

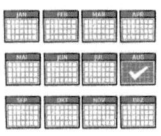

August

agost

September
....
setembre

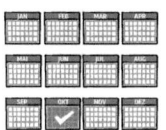

October
....
octubre

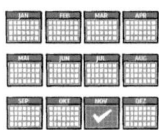

November
....
novembre

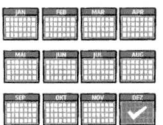

December
....
desembre

nthokolo
....
cercle

sekwere
....
quadrat

rectangle
....
rectangle

theraekele
....
triangle

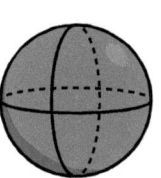

nthokolo
....
esfera

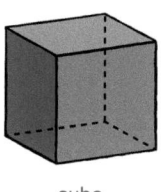

cube
....
cub

tshweu

blanc

kheri

groc

namone

taronja

pinki

rosa

khubedu

vermell

phepholo

lila

pududu

blau

tala

verd

tshehla

marró

kerei

gris

bontsho

negre

e dintši / tše dinyenyane

molt / poc

befetšwe / theotše maswafo

emprenyat / tranquil

botse / befile

bonic / lleig

mathomo / mafelelo

començament / fi

kgolo / nyenyane

gran / petit

seetša / leswiswi

clar / fosc

abuti / sesi

germà / germana

hlwekile / ditšhila

net / brut

feletše / ga se e felele

complet / incomplet

mosegare / bošego

dia / nit

hwile / o sa phela

mort / viu

go bulega / go tswalelega

ample / estret

e a jega / ga e jege

comestible / immenjable

bobe / go loka

dolent / amable

mahlahlo / go tšwafa

entusiasmat / entediat

bokoto / bosese

gros / prim

mathomo / mafelelo

primer / darrer

mogwera / lenaba

amic / enemic

e tletše / ga e na selo

ple / buit

tiile / e bonolo

dur / tou

ya roba / e bobebo

pesant / lleuger

tlala / mokhoro

gana / set

go babja / phetše gabotse

malalt / sà

ga e molaong / e molaong

il·legal / legal

bohlale / lešilo

intel·ligent / ximple

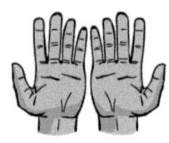

le letshadi / le letona

esquerra / dreta

kgaufsi / kgole

prop / llunyà

mapsha / e dirišitšwe

nou / usat

selo / se sengwe

res / quelcom

motšofadi / mofsa

vell / jove

laeta / tima

encès / apagat

bula / tswalela

obert / tancat

homola / rasa

silenciós / sorollós

go huma / go diila

ric / pobre

e lokilego / e sa lokago

correcte / incorrecte

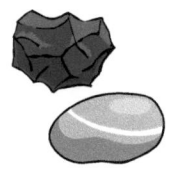

makgwakgwa / go thelela

aspre / suau

go nyama / go thaba

trist / content

mokopana / motelele

curt / llarg

go nanya / go kitima

lent / ràpid

go koloba / go oma

humit / sec - eixut

borutho / go tonya

calent / fred

ntwa / khutšo

guerra / pau

0

nnoto

zero

1

tee

u

2

pedi

dos

3

tharo

tres

4

nne

quatre

5

tlhano

cinc

6

tshela

sis

7

šupa

set

8

seswai

vuit

9

senyane

nou

10

lesome

deu

11

lesome tee

onze

12

lesome pedi

dotze

13

lesome tharo

tretze

14

lesome nne

catorze

15

lesome tlhano

quinze

16

lesome tshela

setze

17

lesome šupa

disset

18

lesome seswai

divuit

19

lesome senyane

dinou

20

masomepedi

vint

100

lekgolo

cent

1.000

sekete

mil

1.000.000

milione

milió

Seisemane

anglès

Seisemane sa Amerika

anglès americà

Sechina sa Mandarin

xinès mandarí

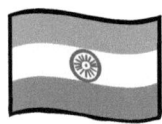

Sehindi

hindi

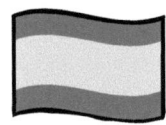

Spanish

espanyol

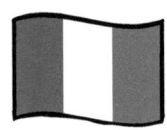

Sefora

francès

Searabic

àrab

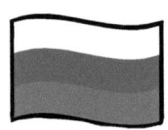

Serašia

rus

Sepotokisi

portuguès

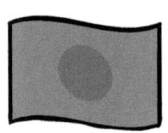

Sebengali

bengalí

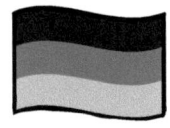

Sejeremane

alemany

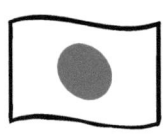

Sefapane

japonès

Nna

jo

wena

tu

yena / yona

ell / ella / allò

rena

nosaltres

wena

vosaltres

bona

ells

bomang?

qui?

eng?

què?

bjang?

com?

mo kae?

on?

neng?

quan?

leina

nom

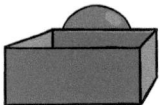

ka morago

darrere

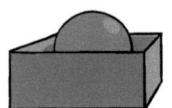

go

en

kgaufsi le

davant de

godimo ga

damunt

go

sobre

ka tlase ga

sota

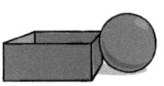

ka lehlakoreng la

al costat

magareng ga

entre

lefelo

lloc